LE TABLEAU PARLANT,

COMÉDIE-PARADE,

EN UN ACTE ET EN VERS,

MÉLÉE D'ARIETTES;

Par ANSEAUME, Musique de GRÉTRY;

Représentée pour la première fois par les Comédiens Italiens ordinaires du Roi, le 20 Septembre 1769.

Prix : 1 fr. 25 cent.

A PARIS,

Chez FAGES, Libraire, au Magasin de Pièces de Théâtre, boulevart St.-Martin, n°. 29, vis-à-vis la rue de Lancry.

DE L'IMPRIMERIE DE CUSSAC, RUE D'ORLÉANS-SAINT-HONORÉ, N°. 13.

1816.

ACTEURS.

CASSANDRE, Tuteur d'Isabelle.

ISABELLE.

COLOMBINE, Suivante d'Isabelle.

LEANDRE, Neveu de Cassandre, Amoureux d'Isabelle.

PIERROT, Valet de Léandre.

La scène est chez M. Cassandre.

Le Tableau qui représente le portrait de M. Cassandre, est posé sur un chevalet dans le fond du Théâtre.

LE
TABLEAU PARLANT,

COMÉDIE-PARADE.

SCÈNE PREMIERE.

ISABELLE ; *seule.*

ARIETTE.

Je suis jeune, je suis fille ;
On me trouve assez gentille ;
Je possède quelque bien.
On me courtise, on me vante,
Je devrais être contente ;
Mais, hélas ! il n'en est rien.
En secret mon cœur soupire :
J'entends bien ce qu'il veut dire,
Mais je n'en fais pas semblant.
La maudite bienséance
M'impose un cruel silence.
Quelle gêne ! quel tourment !
Je suis jeune, etc.

Sans contredit je suis dans l'âge
Où l'on porte aisément le joug du mariage ;
J'en ai tout à la fois et désir et besoin.
Mais depuis que monsieur Léandre,
Le seul homme pour qui j'ai pu devenir tendre,
Est parti pour aller je ne sais où..... bien loin,
Un funeste trépas me ravit père et mère.
Le vieux Cassandre, mon tuteur,
Malgré ses cheveux gris, entreprend de me plaire,
Et prétend m'engager dans un hymen trompeur.
Pour sortir d'embarras, je ne sais comment faire.
Il faut pourtant prendre un parti.
Mais Colombine, ma suivante,
Est une fille intelligente :
Il faut la consulter..... Justement la voici.

SCENE II.
ISABELLE, COLOMBINE.

COLOMBINE *entre en chantant.*
Fragment d'une ariette de la Veuve indécise.

Il nous faut au village
Un mari jeune et dodu ;
A cela près femme sage
Prend le premier venu.

ISABELLE.

De grâce, modérez ces transports d'alégresse ?
Vous voyez que votre maîtressse
A la tristesse dans le cœur :
Respectez du moins sa douleur.

COLOMBINE.

Est-ce ma faute, si vous soupirez sans cesse ?
Que ne faites-vous comme moi ?
(*Elle chante.*)
Je ris toujours, je chante, je badine......

ISABELLE.

Encore ! en vérité, ma chère Colombine ;
Dans l'état où je suis, j'attendais mieux de toi.

COLOMBINE.

Eh bien ! qu'est-ce qui vous chagrine ?

ISABELLE.

Je t'ai confié mes secrets.
Dans mon cœur, comme moi, tu sais ce qui se passe :
Tu sais pour qui l'amour me fait sentir ses traits.
Conseille-moi, voyons..... Que faut-il que je fasse ?

COLOMBINE.

Restez, courez, prenez, c'est tout ce que je vois.

ISABELLE.

Explique-toi. Restez.....

COLOMBINE.

Restez fille.

ISABELLE.

Qui ? moi !

Je te le dis en confidence ;
Mais, mon enfant, cela n'est pas en ma puissance.

COLOMBINE.

Courez les champs ; allez par voie et par chemin
Chercher votre amoureux. Peut-être qu'à la fin.....

ISABELLE.

Colombine, je suis une fille bien née :
Malgré mon inclination,

Je me souviens toujours de l'éducation
Que mes chers parens m'ont donnée.

COLOMBINE.

Prenez Cassandre pour époux.

ISABELLE.

Il est bien vieux.

COLOMBINE.

Mais, entre nous,
Vous n'avez rien de mieux à faire ;
Il est riche, il pourrait......

ISABELLE.

Ma chère,

Il est bien vieux.

COLOMBINE.

Nous y voilà.
On a tout dit, quand on a dit cela.
Faut-il donc pour si peu lui faire une querelle ?
Allez, allez, mademoiselle,

ARIETTE.

Il est certains barbons,
Qui sont encor très-bons ;
Ils n'ont pas le caquet
D'un jeune freluquet ;
Ils n'en ont pas les mines,
Les grâces enfantines ;
Ils ont je ne sais quoi,
Qui vaut mieux, selon moi.

Et ne vaut-il pas mieux
Etre dame et maîtresse,
Et commander sans cesse
Avec un mari vieux,
Que de se voir l'esclave
D'un pimpant qui vous brave,
Qui promène en tous lieux
Sa tendresse et ses vœux,
Tandis que sa moitié
Pleure et sèche sur pied ?

Il est certains barbons
Qui sont encor très-bons, etc.

ISABELLE.

Mais ce je ne sais quoi, du moins il faut l'avoir,
Et..... Regarde monsieur Cassandre,
Et dis-moi si l'on peut s'attendre.....

COLOMBINE.

Patience donc, il faut voir.

ISABELLE.

Tiens, voilà son portrait, considère, examine :
Peux-tu penser que cette mine.....

COLOMBINE.

Oui, le voilà.....

ISABELLE.

Prends garde ; il est encor tout frais.
Demain, pour le finir, le peintre vient exprès.
Jusque-là le bon homme a demandé, par grâce,
Que l'on n'y touche point, et qu'on le laisse en place.

COLOMBINE.

Il a raison, c'est un chef-d'œuvre, sur ma foi.

ISABELLE.

Tu badines toujours. Mais, parlons vrai, dis-moi ;
Supposons, c'est toi qu'on marie ;
L'original dont voilà la copie,
Serait-il à tes yeux un objet bien tentant?

COLOMBINE.

Oh! bien tentant, c'est autre chose :
C'est un époux qui se propose.
Il faudrait l'aimer, mais..... je n'exige pas tant.
Sachez feindre, il sera content.

ISABELLE.

Je le fais, puisqu'enfin c'est un point nécessaire ;
Depuis quelques jours moins sévère,
J'écoute ses propos galans,
Et j'affecte pour lui de plus doux sentimens.

COLOMBINE.

Pas encore assez bien.

ISABELLE.

C'est que l'on a beau faire,
Quand naturellement on a le cœur sincère,
Et qu'il faut en venir à cette extrémité.....

COLOMBINE.

Je vous plains bien, en vérité.

ISABELLE.

Mais, je ne suis point à mon aise.
Déjà tout occupé du bonheur qu'il attend,
Le bon homme devient plus vif et plus ardent.
Si tu savais combien cela me pèse,
Combien je prends sur moi, dans de certains instans,
Pour résister à mon impatience,
Quand il vient me conter d'un air de complaisance
Tout le fade jargon des amours du vieux tems :

ARIETTE.

Tiens, ma reine, je soupire ;
Vois l'excès de mon amour.
Si tu ne veux que j'expire,
Sois donc sensible à ton tour. j

Quelquefois d'un pas incertain,
Et d'une allure chancelante,
Il m'aborde, il me prend la main,
Que par pitié je lui présente;
   Alors ce sont des tranports,
   Des transports à faire rire :
   Il fait les plus grands efforts
   Pour me prouver son martyre.
      Tiens, ma reine, etc.

COLOMBINE.

Eh!.... que lui dites-vous?

ISABELLE.

        Je demeure interdite,
Je veux répondre et je ne puis ;
Il croit qu'amour pour lui m'agite,
Quand je succombe à mes ennuis.

COLOMBINE.

A tout cela je n'ai qu'un mot à dire :
C'est l'arrêt du destin, c'est à vous d'y souscrire.
Quand on n'a pas le choix..... Le voici. Taisons-nous.

ISABELLE.

Qui donc?....

COLOMBINE.

      Votre futur époux;
Qui vient vous rendre son hommage.

ISABELLE.

Monsieur Cassandre! ô ciel! l'ennuyeux personnage!

COLOMBINE.

Songez à suivre ma leçon.

SCENE III.

ISABELLE, COLOMBINE, CASSANDRE.

CASSANDRE.

Bonjour, ma charmante Isabelle ;
Comment vous portez-vous?

COLOMBINE, *à Isabelle.*

      Fort bien. Répondez donc.

CASSANDRE.

Colombine, vois..... qu'elle est belle?
Ses beaux yeux dans mon cœur font naître le plaisir;
Et rien qu'en la voyant, je me sens rajeunir.....
      (*à Isabelle.*)
Mais elle ne dit rien ! Qu'avez-vous donc?
        (*à Colombine.*)
        Qu'a-t-elle?

COLOMBINE.

Beaucoup d'amour pour vous, monsieur, certainement.

CASSANDRE.

Quoi ! tout de bon !

ISABELLE , *à part.*

Comme elle ment !

CASSANDRE.

Mais certainement tu me charmes.

(*à Isabelle.*)

Et toi, confirme-moi ce gracieux aveu,
Si tu veux sans retour dissiper mes alarmes.

ISABELLE.

Colombine exagère un peu.

COLOMBINE , *à Cassandre.*

Pures façons..... la modestie.....
Vous savez ce que c'est, monsieur, et quels combats
Eprouve dans son cœur une fille attendrie,
Qui voudrait s'exprimer, et qui ne l'ose pas.

CASSANDRE , *riant.*

Mais à la fin il vient un tems où l'honneur même
L'oblige à confesser qu'elle aime,
Et ce tems va bientôt venir.
Tel que le loup pressé d'une faim dévorante,
L'hymen guette déjà la brebis innocente,
Et sous sa dent cruelle est prêt à la saisir.....
Tu ris.... Tu ne crains pas ce loup-là....

COLOMBINE.

Je vous jure

Qu'il ne lui fera point de mal.

CASSANDRE.

Non, je t'assure.
Ainsi nous voilà donc d'accord :
Tu consens de t'unir à moi par mariage ?

ISABELLE.

Tout comme vous voudrez.

COLOMBINE , *à Cassandre.*

Eh bien ! avais-je tort ?

(*à Isabelle.*)

Appuyez encor davantage.

CASSANDRE.

ARIETTE.

Cet aveu charmant
Répand dans mon ame
Une vive flamme,
Un feu ravissant.
L'enfant de Cythère,
Vois-tu bien, ma chère,
L'enfant de Cythère,
Veut être caressé ;

La moindre contrainte
Lui porte une atteinte
Dont il est offensé ;
Mais il prend l'essor
Dès qu'il se voit maître.
Je le sens au transport
Qu'en moi tu fais naître.

Cet aveu charmant
Répand dans mon ame, etc.

COLOMBINE, *ironiquement.*

Faites-lui donc quelque caresse
A ce petit enfant.

CASSANDRE, *ricanant.*

Hom ! hom ! la bonne pièce !
Ah çà ! tout est dit là-dessus.

COLOMBINE.

C'est de bon cœur, je vous assure.

CASSANDRE, *à part.*

Plus j'en vois, plus je veux poursuivre l'aventure
Et les projets que j'ai conçus.   (*haut.*)
Je vais vous causer de la peine,
Et j'en suis affligé tout le premier.

COLOMBINE.

Comment !

CASSANDRE.

Il faut pour la ville prochaine
Que je parte dans le moment.

ISABELLE.

A l'heure même ?

CASSANDRE.

Dans l'instant.
C'est pour une pressante affaire :
Tous les notables du pays
Y sont mandés pour donner leur avis.
Vous voyez bien.....

COLOMBINE.
Oui, oui.

CASSANDRE.

Que j'y suis nécessaire.
J'ai toujours différé ; mais enfin l'on m'attend,
Et je ne puis faire autrement.

COLOMBINE.

A la veille d'un mariage
Vous allez vous mettre en voyage !

CASSANDRE.

Dans trois jours au plus tard je serai de retour,

Pour ne plus m'occuper que de mon seul amour.
Dans nos adieux du moins une chose me flatte,
C'est que votre tendresse éclate.

COLOMBINE.

Vous nous jouez un vilain tour.
(*à Isabelle.*)
Allons donc, vous : quelque douce parole.
Vous êtes là comme une idole.

ISABELLE.

(*à Colombine.*) (*à Cassandre.*)
Laisse-moi faire. Assurément
La circonstance..... le tourment.....
Qui me suffoque..... et puis les craintes

COLOMBINE, *bas à Isabelle.*

Bien, bien.

CASSANDRE.

Elle pleure, je croi.
Chère petite, calme-toi :
Tu m'attendris trop par tes plaintes.

TRIO.

CASSANDRE.

Il faut partir, ô peine extrême!

COLOMBINE.

S'éloigne-t-on de ce qu'on aime?

ISABELLE.

Hélas! Que faire seule ici!

CASSANDRE.

Console-toi, ma toute belle.

COLOMBINE.

Que je la plains ! Pauvre Isabelle!

ISABELLE.

Pouvez-vous me quitter ainsi?

CASSANDRE.

Ma toute belle!

COLOMBINE.

Pauvre Isabelle!
Pouvez-vous l'affliger ainsi?

ISABELLE.

Pouvez-vous me quitter ainsi?

CASSANDRE.

Quel bonheur de te plaire ainsi!
Rassure-toi, chère Isabelle :
De ton amant, le cœur fidèle
Auprès de toi toujours sera.

ISABELLE.

En proie à ma douleur mortelle,
Pendant votre absence cruelle,
Le noir chagrin m'accablera.

COLOMBINE.

La friponne l'entend-elle,

Pour le peu qu'elle s'en mêle ,
De maris elle trompera
Tout autant qu'elle en trouvera.

CASSANDRE.

Il faut partir , etc.

COLOMBINE.

Et cette affaire-là ne saurait se remettre ?

ISABELLE , *bas à Colombine.*

Tais-toi donc, laisse-le partir.

CASSANDRE.

Eh bien, pour vous faire plaisir ,
Je vais envoyer une lettre
Comme si ma santé.....

COLOMBINE.

Non, non.

ISABELLE.

Non : j'appréhenderais que cette complaisanc'
Ne fît tort à votre prudence ;
Et l'amour doit se taire où parle la raison.

CASSANDRE.

Croyez-vous ? Il faut donc se faire violence.

ISABELLE.

Oui, partez.

CASSANDRE.

Si pourtant.....

COLOMBINE , *à part.*

Pars donc, maudit barbon.

ISABELLE.

Et revenez en diligence.

CASSANDRE , *à part.*

J'entrevois du micmac ; mais voyons jusqu'au bout.
(*à Isabelle.*)
Dans votre appartement rentrez , ma chère amie ;
Rentre avec elle aussi , Colombine, et sur-tout
Tiens-lui fidelle compagnie.

ISABELLE.

Allons..... Adieu, monsieur.

CASSANDRE.

Adieu : consolez-vous.

ISABELLE.

Prenez bien garde aux voleurs.

COLOMBINE.

Aux filous.

ISABELLE.

On dit que l'on en voit tant et plus sur la route.

COLOMBINE.

Vos pistolets sont-ils en bon état?

CASSANDRE.

Sans doute.
J'ai tout ce qu'il me faut.

COLOMBINE.

Adieu, monsieur.

CASSANDRE.

Adieu.

Isabelle et Colombine rentrent dans leurs chambres.

SCENE IV.

CASSANDRE.

J'en reviens toujours là : tout ceci n'est qu'un jeu.
Un changement si prompt cache quelque mystère.
Après tant de rigueur, de rebuts, de mépris,
Si cette douleur est sincère,
Oh! pour le coup je serai bien surpris.
Mais à quoi bon cette maudite ruse?
Eh! n'est-ce pas assez que cela les amuse?
Elles sont jeunes toutes deux....
Et d'un sexe.... Moi, je suis vieux....
Cela suffit : il faut que je sois leur victime,
Et m'épargner serait un crime.

ARIETTE.

Pour tromper un pauvre vieillard,
Il n'est de tour que l'on n'invente,
Il n'est effort que l'on ne tente.
Enfans, neveux, valet, servante,
Chacun brûle d'y prendre part.
On le dorlote, on le mitonne....
Tout cela n'est que trahison.
Tantôt c'est une main friponne
Qu'on lui passe sous le menton.
Le bonhomme enchanté, s'écrie:
« Ah! quel bonheur! ma chère amie..
« Encor..... encor..... »
Tu ne vois pas, pauvre butor,
Que cette main qui te caresse,
Qui de plaisir sait t'enivrer,
Cachant le fer dont elle blesse,
Te flatte pour te déchirer.
Pour tromper un pauvre vieillard,
Il n'est détour que l'on n'invente
Il n'est effort que l'on ne tente.
Enfans, neveux, valet, servante,
Chacun brûle d'y prendre part.

Pour moi qui, grâce au ciel , ai vécu plus d'un jour,
    Je connais les ruses d'amour,
    Et malgré mon air imbécile,
Peut-être qu'à tromper je serai difficile.
Déjà par un voyage à plaisir inventé,
Je leur laisse à dessein liberté toute entière.
Et dans ce cabinet secrètement posté ,
    Je verrai de quelle manière. . . .
    Qu'entends-je. . . . des ris , des éclats !
Ah! tant mieux , le chagrin ne les maigrira pas.
    Mais pourquoi ce nouveau délire ?. . . .
    (*Il appelle.*)
Colombine !. . . .

SCENE V.

CASSANDRE , COLOMBINE.

COLOMBINE.

Monsieur. . . . comment ! encore ici ?
Nous vous croyons déjà parti.

CASSANDRE.

Je le pense. Est-ce là ce qui vous faisait rire ?

COLOMBINE.

Non , vraiment. . . . C'est. . . que nos deux serins
    Qu'on avait mis ensemble en cage,
Le mâle est échappé. . . Vous jugez quel chagrin !. . . .
La femelle gémit, Isabelle en enrage,
    Et dans l'excès de sa douleur ,
    Dit , en sanglottant, qu'un malheur
Ne va jamais sans l'autre.

CASSANDRE.

    Et toi ?

COLOMBINE.

    Je la console.

CASSANDRE.

En riant ?

COLOMBINE.

Justement , je ris comme une folle,
Par contre-coup, je la fais rire aussi.

CASSANDRE.

Écoute. . . . à cœur ouvert expliquons-nous ici.
    Est-il bien certain qu'elle m'aime ?

COLOMBINE.

Quoi ! vous en doutez ?

CASSANDRE.

Qu'elle m'aime....
De la façon que je voudrais ?

COLOMBINE.

Quelle est votre façon , dites-nous ça vous-même.
Qu'exigez-vous ?

CASSANDRE.

J'exigerais
Qu'étant à m'épouser ainsi déterminée ,
L'amour fît les honneurs de ce doux hyménée ,
Et qu'elle ne m'épousât pas
Dans l'espoir d'être bientôt veuve.

COLOMBINE.

Quelle idée ! et sur quelle preuve
Lui prêtez-vous des sentimens si bas ?

CASSANDRE.

Quand on voit une jeune fille
Epouser un vieillard , on croit toujours que c'est
Quelque raison secrette, ou motif d'intérêt ,
Qui la guide, et cela fait que l'on en babille.
Je ne veux point donner matière aux médisans.
Dans ma femme je veux trouver les sentimens
Qu'inspire une tendresse extrème.
Je veux enfin , je veux être aimé pour moi-même :
Tout comme si je n'avais que vingt ans.

COLOMBINE.

C'est votre dernier mot ?

CASSANDRE.

Oui, voilà mon système.
Est-ce ainsi qu'elle pense ?

COLOMBINE.

Non.

CASSANDRE.

Pourquoi ?

COLOMBINE.

C'est qu'il n'est pas possible.
Ah ! çà , monsieur Cassandre , ayez de la raison.
Est-ce à vous d'être si sensible ?
On veut bien vous aimer ; et qu'importe comment ?

CASSANDRE.

Vous prétendez apparemment
Que j'ai tort d'aspirer à plaire ,
Moi que dans tous les tems pour modèle on cita,
Moi qui fus autrefois le plus vaillant compère ?....

COLOMBINE.

Moi qui fus.... moi qui fus.... et que nous fait cela ?

ARIETTE.

Vous étiez ce que vous n'êtes plus,
Vous n'étiez pas ce que vous êtes:
Et vous aviez pour faire des conquêtes,
Et vous aviez ce que vous n'avez plus.
Ils sont passés ces jours de fêtes,
Ils sont passés, ils ne reviendront plus.
Rendez-vous donc plus de justice,
Et si l'Amour vous est propice,
Goûtez en paix
Ses doux bienfaits.
N'en cherchez pas la quintessence,
Contentez-vous de l'apparence:
Qui veut trop voir,
Et tout savoir,
Trouve souvent plus qu'il ne pense.

CASSANDRE.

Moi, j'entends voir ce qui me fait plaisir ;
Rien de plus.

COLOMBINE.

C'est fort bien l'entendre !

CASSANDRE.

Et si l'on cherche à me surprendre ,
Je saurai bien m'en éclaircir.
J'examinerai tout....

COLOMBINE.

Moi, je vous le conseille.

CASSANDRE.

Pour être sûr de mon fait.

COLOMBINE.

A merveille.

CASSANDRE.

Vois-tu bien ces yeux-là ?

COLOMBINE.

Ce sont des yeux d'Argus.

CASSANDRE.

Ils ne dormiront pas. Compte bien là-dessus.
Adieu.

COLOMBINE.

Vous partez donc ?

CASSANDRE.

Tout-à-fait.

COLOMBINE.

Bon voyage.
(*Cassandre sort.*)

SCENE VI.

COLOMBINE, *seule*

A qui diable en a-t-il avec son radotage ?
Il est des gens d'une drôle d'humeur !
Les moindres refus les irritent.
On leur accorde plus cent fois qu'ils ne méritent ;
Ils ne sont pas contens. Il faut en leur faveur
Oublier que le tems laisse après lui des traces,
Sur un front tout ridé voir folâtrer les grâces,
Et dans un corps usé trouver de la fraîcheur.
Vous vous moquez, monsieur, cela n'est pas possible :
La nature a sur nous une force invincible.
Elle indique à nos cœurs tout ce qui nous convient
Par un charme qui nous attire ;
Et si sur votre compte elle ne nous dit rien,
C'est qu'elle n'a rien à nous dire.
Je lui parle, ma foi, comme s'il était là.
Mais c'est qu'aussi… Mais c'est que le voilà…
Le voilà peint à s'y méprendre.
(*Elle regarde le tableau.*)
Bonjour… Bonjour… monsieur Cassandre.
Vous voulez qu'on vous aime ? Oui, l'on vous aimera,
Et si vous voulez même, on vous adorera.

SCENE VII.

COLOMBINE, PIERROT.

PIERROT, *en dehors.*
Holà, hé, la Maison…. Picard…. la Fleur… la Pierre…
COLOMBINE, *étonnée.*
Qui diantre fait ce carillon ?
PIERROT, *courant dans la chambre.*
Pas un laquais ici, pas une chambrière !….
Eh bien, personne ne répond ?
COLOMBINE.
Eh !…. mais…. je connais cette mine.
Eh ! c'est Pierrot, c'est Pierrot que je voi.
Parle donc.

PIERROT.
Heim !

COLOMBINE.
Oui.

PIERROT.

C'est... Eh! mais, c'est Colombine.
C'est toi?

COLOMBINE.

C'est toi?

PIERROT.

C'est moi.

COLOMBINE.

C'est moi.

PIERROT.

Dans ce logis que viens-tu faire?

COLOMBINE.

C'est notre demeure ordinaire.

PIERROT.

M. Cassandre est-il ou mort ou délogé?

COLOMBINE.

Ni l'un ni l'autre. Il est encore en vie,
Amoureux comme un enragé,
Et dans trois jours il se marie.

PIERROT.

Il se marie! ô ciel, qu'ai-je entendu?
Serait-ce toi par hasard qu'il epouse?
Si je le savais, tiens, vois-tu?
Dans les transports de ma fureur jalouse.....

COLOMBINE.

Mais ce n'est pas de moi qu'il est amoureux.

PIERROT.

Non?

COLOMBINE.

C'est de ma maîtresse Isabelle.

PIERROT.

Isabelle est ici?

COLOMBINE.

Sans doute.

PIERROT.

Qu'y fait-elle?

COLOMBINE.

Elle est chez son tuteur, M. Cassandre.

PIERROT.

Bon.

COLOMBINE.

Elle a perdu son père et sa mère.

PIERROT.

Léandre,
Quand il saura cela.... Je vais bien le surprendre.

COLOMBINE.

Léandre est avec toi?

PIERROT.

Nous arrivons tous deux ;
Assez mal-à-propos, si je puis m'y connaître.

COLOMBINE.

Pourquoi?

PIERROT.

Pourquoi? Comment mordi! mon maître
Va se voir enlever sa maîtresse à ses yeux!
Et.... je pourrais fort bien n'être pas plus chanceux!
La mienne, autant de séquestré peut-être.

COLOMBINE.

Tu m'aimes donc toujours?

PIERROT.

Apparemment.

Et toi?

COLOMBINE.

Je ne sais pas.

PIERROT.

Comment?

COLOMBINE.

Mais, oui : méritez-vous qu'on ait de la constance,
Vous qui, depuis deux ans d'absence,
N'avez pas seulement daigné de tems en tems
Nous informer si vous étiez morts ou vivans?

PIERROT.

Ah ! mon enfant , la fortune inhumaine
Avait guidé mes pas au bout de l'univers.
J'ai parcouru les terres et les mers :
En un mot, je viens de Cayenne.

COLOMBINE.

C'est donc bien loin?

PIERROT.

Je t'en réponds.

COLOMBINE.

Qu'avez-vous trouvé là, le Pérou?

PIERROT.

Rien de bon,
Des sauvages fort malhonnêtes ,
Gens grossiers, très-peu délicats,
Qui, ma foi, ne méritent pas
Que pour les visiter, on brave les tempêtes.

COLOMBINE.

Des tempêtes, grands Dieux! mais c'est pour en mourir.
En as-tu vu quelqu'une?

PIERROT.

Oh ! vraiment, une fière
Qui nous a ballotés une journée entière.
Je n'y saurais penser encor sans en frémir.

COLOMBINE.

Fais-m'en donc le récit, tu me feras plaisir.

PIERROT.

Volontiers. Des dangers que l'on a pu courir,
En voyage comme à la guerre,
On aime assez à discourir.
Ecoute-donc..... ce que tu vas ouïr.

ARIETTE.

Notre vaisseau, dans une paix profonde,
Sur le vaste océan,
Voguait légèrement,
Et les zéphirs en se jouant
Carressaient tendrement la surface de l'onde.
Tout-à-coup le ciel s'obscurcit.
Le jour fait place à la nuit,
Les vents entr'eux se font la guerre
On entend gronder le tonnerre;
Chacun de nous tremble et pâlit.
Le pilote interdit,
Dans sa boussole
Cherche le pole,
Et n'y voit goûte en plein midi :
Jouet des flots,
Le vaisseau danse,
Et jusqu'au cieux monte et s'elance.
Les matelots
Sans espérance,
Gardent tous un affreux silence
Qu'interrompent les hurlemens,
Les juremens,
Les siflemens
Des élemens.....
Et le tracas.....
Et le fracas.....
A chaque instant un gouffre d'eau,
Une cascade menaçante,
A nos yeux effrayés présente
Tout à la fois la mort et le tombeau.....
Mais enfin, après l'orage,
On voit venir le beau temps,
Et parmi tout l'équipage
Les plaisirs vont renaissans.
La joie et le bon vin
Du danger chassent l'image,
La joie et le bon vin
Dissipent notre chagrin.

(20)

COLOMBINE , *riant.*

Pierrot, mon cher ami , tu viens de loin.

PIERROT,

N'importe ;

Me voilà sain et sauf, assez léger d'argent,
Mais plein d'amour, et prêt à finir le roman,
Pour le peu que ton cœur s'y porte.

COLOMBINE.

Hé !... hé !... la proposition....
Nous verrons. Je ne dis pas non.

PIERROT.

Et que ferons-nous de Léandre ,
Mon pauvre maître? à quoi doit-il s'attendre ?
Sans espoir de retour sera-il supplanté ?

COLOMBINE.

Non. C'est contre son gré que la tendre Isabelle
Se prête à la necessité ;
Mais dans le fond du cœur elle est toujours fidèle.

PIERRLT,

En faveur de ces deux amans,
Unissons nos efforts pour renouer leur chaîne.

COLOMBINE.

Va, va, pour les rendre contens,
Il n'est rien que je n'entreprenne.
Le bon homme est absent.

PIERROT.

Bon : tant mieux.

COLOMBINE.

Pour trois jours,

Profitons de ce tems.

PIERROT, *prenant la main de Colombine.*

C'est bien dit, mes amours,

COLOMBINE , *retirant sa main.*

Tais-toi donc.

PIERROT, *batifolant.*

Oui, mon cœur.

COLOMBINE, *le repoussant.*

Veux-tu bien être sage?

PIERROT

Sans doute, car enfin..... Ah, mais!.... Le mariage,
Si tu m'en crois, formons bien vîte ce lien.

COLOMBINE.

J'y consens, si tu m'aimes bien.

PIERROT.

Je pourrais bien sur toi former le même doute ;

Mais mon cœur se refuse à de pareils soucis,
Et je crois qu'a l'amour que tu m'avais promis,
   Tu n'as jamais fait banqueroute.

COLOMBINE.

Non, Pierrot, et jamais,.... jamais aucune ardeur
Ne pourra seulement égratigner mon cœur.

D U O.

COLOMBINE.
Je brûlerai d'une flamme éternelle.

PIERROT.
Jusqu'au tombeau je te serai fidéle.

COLOMBINE.
J'en atteste les Dieux.

PIERROT.
J'en jure par tes yeux.

COLOMBINE
Non, jamais je ne changerai.

PIERROT.
Oui , toujours je te chérirai.
Tu m'aimes donc ?

COLOMBINE.
         Ah! je t'adore.

Et toi Pierrot?

PIERROT.
Et moi.... Je te dévore.
     (*Il lui baise la main.*)

COLOMBINE.
Doucement, tu me mords.

PIERROT.
Quels momens! Quels transports!

COLOMBINE.
Je brûlerai d'une ardeur éternelle,
  Et jamais je ne changerai.

PIERROT.
Jusqu'au tombeau je te serai fidéle,
  Et toujours je te chérirai.

COLOMBINE.
Si tu manquais à ta promesse,
Si tu trompais de si beaux nœuds.....

PIERROT.
Si tu deviens jamais traîtresse,
Si tu trompais mes tendres vœux.....

COLOMBINE.
Au désespoir abandonnée......

PIERROT.
Dans l'horreur de ma destinée.....

COLOMBINE.
Mon cher Pierrot, je te poignarderais.

PIERROT.
Mon cher amour, moi je t'étranglerais.

COLOMBINE.
Quel excès de tendresse!

PIERROT.
O ma chère maîtresse!

COLOMBINE
De cette main je te poignarderais.

PIERROT.
De mes deux mains, moi je t'étranglerais.
Mais ce n'est pas le tout. Mon maître
Ne revient point.

COLOMBINE.
Où peut-il être?

PIERROT.
Il est allé se mettre en habit plus décent,
Pour rendre ses devoirs au bon monsieur Cassandre;
A son oncle.....

COLOMBINE.
Comment! c'est l'oncle de Léandre,
Notre tuteur?

PIERROT.
Oui.

COLOMBINE.
Le trait est plaisant.
Tu devrais bien l'aller chercher.

PIERROT
Ma fine.
Il sait bien le chemin. Pour moi, je reste ici
Près de ma chère Colombine.

COLOMBINE.
Non, cela sera mieux : vas-y.
Vas lui porter cette nouvelle.
De mon coté je vais prévenir Isabelle.

PIERROT.
J'entends quelqu'un..... oui, le voici.

COLOMBINE.
Eh bien ! je te laisse avec lui.
(*Elle sort.*)

SCENE VIII.

PIERROT, LÉANDRE.

PIERROT, *à part.*
On n'a pas toujours de la peine,
On rencontre par fois quelque chose de bon.

LÉANDRE.
As-tu fait ma commission ?

PIERROT, *à part.*
Je ne m'attendais pas à cette bonne aubaine.

(23)

LÉANDRE.

Pierrot, as-tu vu le Daron?
Sait-il que je reviens tout exprès de Cayenne
Pour le voir, l'embrasser, et pour en hériter?

PIERROT, *à part.*

Ah, quel plaisir!

LÉANDRE.

Maraud, veux tu bien m'écouter?

PIERROT, *vivement.*

Ah, vous voilà, monsieur! votre bonne fortune
Vous amène en ces lieux : vous n'y trouverez point
Ce que vous y cherchez. Mais sur un autre point
Un heureux hasard vous rejoint.....
Et nous avons ici chacun notre chacune.

LÉANDRE.

Que veux-tu dire, impertinent?

PIERROT.

Vous êtes plus heureux que sage.
Vous avez un rival, mais le mal n'est pas grand.
Je vous protège, moi, vous aurez l'avantage.

LÉANDRE.

Si tu m'y fais mettre, insolent!......

PIERROT.

Une beauté, charmante, belle,
Qui vous aime toujours, malgré l'éloignement.

LÉANDRE.

As-tu donc perdu la cervelle?
Tu sais quel est l'objet, je t'en ai fait l'aveu;
Pour qui malgré le tems et l'absence cruelle,
D'une flamme toujours nouvelle
Je brûle encore à petit feu.
Ne te souvient-il plus que certaine négresse,
Que le diable avait faite amoureuse de moi;
Prétendit me forcer à vivre sous sa loi?
Combattu par l'honneur, la pitié, la tendresse,
Pied à pied disputant ma foi,
Je te dis..... ce n'est pas..... ce n'est pas Isabelle.

PIERROT.

Mais c'est elle aujourd'hui, c'est elle.
M'entendez-vous?.... C'est Isabelle,
Qui vous aime toujours, qui vous attend ici,
Ici dedans.

LÉANDRE.

Ah! mon ami!
Que me dis-tu?... Par quel prodige?...
Dois-je te croire?

PIERROT.

Et oui, vous dis-je.
Dans l'instant Colombine ici l'amènera.

LÉANDRE.

Où donc est-elle ?

PIERROT.

La voilà.

SCENE IX

LÉANDRE, PIERROT, ISABELLE, COLOMBINE.

ISABELLE, *courant au devant de Léandre.*
Est-ce vous que je vois, cher amant ?

LÉANDRE.

Chère amante !

ISABELLE.
N'est-ce point un enchantement ?

PIERROT.
C'est lui-même, j'en suis garant.

ISABELLE.
Venez-vous dissiper l'ennui qui me tourmente ?

LÉANDRE.
J'avouerai qu'en ces lieux je ne vous cherchais pas.
Mais de vous y trouver mon plaisir est extrême.
J'y venais voir mon oncle.

ISABELLE.
Hélas !
Il est votre rival, il m'aime,
Et, si je l'en eusse cru,
Notre hymen serait conclu.

LÉANDRE.
Vous pouviez m'oublier !

ISABELLE.
Malgré moi, je vous jure.
Colombine vous le dira.
Son sentiment était qu'en cette conjoncture
Je devais en passer par là.

LÉANDRE.
Pourquoi lui conseiller un indigne parjure ?

COLOMBINE.
Dame, Monsieur ! vous n'étiez pas ici :
A Madame il faut un mari.
C'est un point décidé : son tuteur se présente ;
Le vieux bon homme a la marche pesante,

Il n'a pas, comme vous, les grâces du maintien ;
Mais un Cassandre enfin, vaut encor mieux qu'un rien.

PIERROT.

C'est quelquefois la même chose.

COLOMBINE.

Auriez-vous mieux aimé qu'elle restât fille ?

LÉANDRE.

Oui.

ISABELLE, *à Léandre.*

Je ne le pouvais pas décemment, mon ami.
Le monde est trop méchant : pour un rien l'on nous glose.

LÉANDRE.

Je me rends. Je vois bien que tout est pour le mieux.
Et vous me trahissiez, sans offenser mes feux.

ISABELLE.

Non, non, bannissez toute crainte.
Léandre seul pouvait devenir mon vainqueur ;
Et son image dans mon cœur
Était trop vivement empreinte.

ARIETTE.

La nuit, dans les bras du sommeil
Je rêvais à mon cher Léandre ;
Je croyais le voir et l'entendre,
Je l'appelais à mon réveil,
Et je disais d'un ton si tendre :
Ah ! Léandre, mon cher Léandre,
Tu tardes bien à revenir !
Veux-tu donc me faire mourir ?

DUO.

LÉANDRE.

Votre amant souffrait même peine,
Et son cœur était à la gêne.
Loin de vos charmes ;
Dans les alarmes,
Que j'ai passé de tristes jours !

ISABELLE.

Mais l'Amour, sensible à nos larmes,
Vient calmer nos tendres alarmes.
D'un long martyre,
Par un sourire,
Ce dieu charmant finit le cours.

LÉANDRE.

Chérissons l'heureuse journée
Qui fait cesser notre tourment.

ISABELLE.

Peut-on être plus fortunée
Que je le suis en ce moment ?

(*Ensemble*)

Ah ! nos cœurs sont faits l'un pour l'autre !

Par le mien je juge du vôtre :
Même souffrance,
Même espérance,
Mêmes désirs,
Mêmes plaisirs,

COLOMBINE.

Madame, il me vient une idée :
Nos pauvres amoureux sont las,
Faisons-les rafraîchir.

ISABELLE.

Fais ce que tu voudras.

PIERROT.

La cuisine est-elle fondée ?

COLOMBINE.

Va , va , ne t'embarrasse pas.
Viens m'aider seulement.

PIERROT.

Ce trait de prévoyance
Mérite de ma part ce doux remerciment. (*Il l'embrasse.*)

COLOMBINE.

Doux pour toi.

PIERROT.

D'accord ; mais je pense ,
Quand je me me fais plaisir , que je t'en fais autant.

ISABELLE , *à Léandre.*

Mais vous m'avez cherché querelle
Sur la fidélité que l'on doit en amour.
Pourrais-je savoir à mon tour
Si vous m'avez toujours été fidèle ?

LÉANDRE.

Toujours , toujours. Demandez à Pierrot.

PIERROT.

Monsieur Léandre ! . . c'est... un héros de tendresse.
(*Bas à Léandre.*)
Parlerai-je de la Négresse ?

LÉANDRE (*à Pierrot.*

Coquin , si tu dis un seul mot... (*A Isabelle.*)
Je vous dirai bien plus. Une telle victoire
N'ajoute pas beaucoup à votre gloire.
Le sexe , en ces lointains climats ,
Est si gauche , si laid , si dépourvu d'appas,
Qu'un homme comme il faut , que l'honneur sollicite ,
Dans le fond n'a pas grand mérite
A se garantir de ses lacs.

ISABELLE.

Point du tout , on les dit si jolies ,

Les femmes de ce pays-là. . .

LÉANDRE.

Fi donc, ne croyez pas cela.
Pour faire excuser leurs folies,
Des voyageurs, hableurs, menteurs,
En font des beautés accomplies,
Qui d'un regard charment les cœurs :
Vains discours, récits infidèles.
J'en ai vu beaucoup, et de près,
Et je n'ai pas sujet d'admirer leurs attraits.
Elles n'ont ni vos gentillesses,
Ni vos grâces enchanteresses,
Ni ce goût délicat qui donne à la beauté
Plus de piquant et de vivacité,
Et dont je vois ici de si charmans modèles ;
Comment peut-on les trouver belles ?

ISABELLE.

Il faut avoir un goût bien dépravé !

LÉANDRE.

Le terrein serait bon, s'il était cultivé.

COLOMBINE, *à Pierrot.*

Que fais-tu donc-là ?

PIERROT.

Je regarde.
Tenez, Monsieur. Vous n'avez pas pris garde. . .
Reconnaissez-vous ce portait !

LÉANDRE, *regardant avec une loupe.*

Mais je dois croire.... et je crois en effet
Que c'est mon très-cher oncle.

COLOMBINE.

Oui, lui-même en personne.

ISABELLE.

Eh bien ! qu'en dites-vous ?

LÉANDRE.

La peinture est fort bonne ;
Mais je le trouve bien vieilli.

ISABELLE.

Il n'est pas dans son jour, venez le voir ici.

COLOMBINE, *à Pierrot.*

(*Colombine et Pierrot posent le tableau vis-à-vis
la seconde coulisse, du côté de la Reine.*)

Posons-le près de cette table.

LÉANDRE, *considérant le tableau.*

Oui, voilà bien sa mine véritable.

COLOMBINE.

Ah ! çà , tandis qu'on met le couvert ,
Sans façons, quittez-nous la place.
Votre présence ici nous embarrasse.
Allez dans le jardin tous les deux prendre l'air.
(*Isabelle et Léandre sortent.*)

SCENE X.

PIERROT, COLOMBINE.

PIERROT.

C'est bien dit : hâtons-nous ; car la faim me talonne.
Portons cette table à nous deux.
(*Ils apportent au milieu du Théâtre une table, cou-
verte d'une nappe, et de quatre couverts.*)
Des lumières dessus.
(*On pose deux bougies sur la table, et Colombine
apporte un pâté.*)
Un pâté ! bon , tant mieux.
Nous lui dirons deux mots. Ah ! charmante friponnne!
COLOMBINE.

Pierrot , finis, ou bien va t'en dans le jardin.
PIERROT.

Ah ! l'excellent pâté ! quelle odeur ! quelle croûte!
COLOMBINE.

Si je te laisse ici ; tu ne pourras sans doute
T'empêcher d'y porter la main :
Viens avec moi chercher du vin.
(*Elle sort avec Pierrot.*)

SCENE XI.

CASSANDRE , seul.

(*Il sort tout doucement du cabinet où il était caché.*)
Sortir par une porte , rentrer par une autre,
En même temps être absent et présent,
C'est un tour..... c'est un tour.....
(*Voyant la table mise, etc.*)
Celui-ci vaut le nôtre.
Avec tant de fracas est-ce moi qu'on attend?
Non; le couvert est mis pour quatre,
Et l'on me croit bien loin. Quand je serais ici ,
Nous ne sommes que trois , il en faudrait rabattre.
Mais non ; je suis tout-à-fait dans l'oubli :

Pour d'autre que pour moi la fête est préparée......
(*Il compte s r ses doigts.*)
Colombine, Isabelle...... Ah! c'est parti quarrée :
Elles n'auront pas lieu de se reprocher rien.
Chacune, chacune a le sien.

ARIETTE.

C'est donc ainsi que l'on m'abuse,
Cœurs faux, cœurs doubles, cœurs ingrats!......
Mais non, je vous demande excuse :
Non, non, vous ne me trompiez pas.
Quand j'ai feint de quitter ces lieux,
Vous avez fait bien des grimaces,
Des pleurs ont coulé de vos yeux......
J'en vois ici de belles traces,
Les apprêts d'un festin joyeux!
C'est donc ainsi que l'on m'abuse,
Cœurs faux, cœurs doubles, cœurs ingrats!......
Mais non, je vous demande excuse :
Non, non, vous ne me trompiez pas.
Je m'en doutais, j'étais certain.....
La trahison était trop claire.....
Mais qui .... mais qu'est-ce..... mais enfin.....
Quel est celui qu'on me préfère?......
Je le verrai..... fin contre fin.....
Je percerai tout ce mystère.
Mais le diable est-il plus malin?......
C'est donc ainsi que l'on m'abuse, etc.

Mais pourquoi mon portrait est-il changé de place?
Qui l'a mis là! pour quel sujet?
Ils voudraient me narguer et m'insulter en face!....
Et ma figure au moins remplira leur objet.
Pour les contrarier, usons de stratagême,
Et tournons, s'il se peut, la ruse contre eux-mêmes.
Mais comment m'y prendr? Voyons.
Me montrer tout-à-coup?..... Ils auront des raisons
Pour démentir les apparences.
J'aurai tort.... Ils reviennent.... Non....
Non.... Pour avoir plus d'assurance,
Cachons-nous quelque part... Sous cette table... Non..
(*Il se met derrière l. tableau.*)
Ici je serai mieux.... Ah! le tour serait bon.....
Oui, c'est une excellente idée...
J'adopte vos projets.... Bien plus,
Je renchérirai par-dessus.
C'est une affaire décidée.
Vous aimez à me voir? eh bien! vous me verrez,
Non tel que vous croyez, mais d'une autre manière :
Ce sera moi... Oui, moi, sans voile, sans mystère....
Et de tout ce que vous ferez

Je serai témoin oculaire.
Point de quartier.... Que vais-je faire?
Découper ce tableau!.... Pourquoi le ménager?....
Il est à moi; je puis bien sans danger....
(*Il découpe et enlève la tête du portrait.*)
Oui, puisqu'enfin la perfidie
S'apprête à me porter le coup le plus fatal,
Aux dépens de la copie
Je sauverai l'original.
L'obscurité me favorise,
Et la prétention qui les aveuglera,
Peut bien encore aider à la méprise,
En tout cas j'agirai comme l'on agira.
(*Il se place derrière le tableau, et passe sa tête
par l'ouverture qu'il a faite.*)

SCÈNE DERNIÈRE.

LÉANDRE, PIERROT, ISABELLE, COLOMBINE.

(*Cassandre dans le tableau.*)

LÉANDRE, *à Isabelle.*
Comment! trois jours plus tard je perdais ma maîtresse.
CASSANDRE, *à part.*
Je connais ces visages-là.
ISABELLE.
Assurément.

COLOMBINE.
Bon, bon, oublions tout cela :
D'un fâcheux souvenir bannissons la tristesse,
Et ne songeons plus qu'au plaisir.
A table, à table; allons, point de cérémonie.
ISABELLE.
M'y voilà.

PIERROT.
M'y voilà.
LÉANDRE, *assis à table.*
Comptez ma chère amie.....
PIERROT.
Goûtons d'abord le vin.....
LÉANDRE.
Eussé-je dû périr,
Mon fortuné rival eût payé de sa vie
Le bonheur de jouir de vos divins appas.

PIERROT.
Ah, dame ! c'est un Fier-à-bras.
A sa fureur quand il se livre.....

ISABELLE.
Quoi ! votre oncle....

CASSANDRE, *à part.*
On me tient.

LÉANDRE.
Ah ! lui, c'est différent.
Comme il n'a pas long-tems à vivre,
J'eusse attendu sa mort assez patiemment.

CASSANDRE, *a part.*
Le méchant garnement !

ISABELLE, *à Léandre.*
Buvez donc.

LÉANDRE, *tenant son verre.*
Ma chère Isabelle,
Permettez-vous ?....

(*Il choque avec elle.*)

CASSANDRE, *à part.*
Ah ciel ! mon vin !

ISABELLE, *à Léandre.*
De tout mon cœur.

PIERROT.
Nous avons eu plus de bonheur,
Ma Colombine et moi. Toujours tendre et fidèle.....

COLOMBINE.
Plus que je ne devais.

ISABELLE, *à Léandre.*
De quoi vous plaignez-vous ?
Pendant deux ans votre silence
M'avait ôté toute espérance.
Par raison, par devoir je prenais un époux ;
Mais je ne l'aimais point. En devenant sa femme,
Quand ma bouche feignait de répondre à sa flamme ;
D'approuver ses tendres désirs,
C'est à vous qu'en secret j'adressais mes soupirs.

CASSANDRE, *à part.*
Où m'allais-je fourrer ?

COLOMBINE.
Le plaisant de l'affaire,
C'est que ce vieux pénard.....

CASSANDRE, *à part.*
J'étouffe de colère.

COLOMBINE.

Est difficile à contenter,
Avec sa face de carême.
Il prétend, de plus il ose se flatter,
Comme un beau Céladon, d'être aimé pour lui-même.

CASSANDRE, *à part.*

La coquine !

COLOMBINE, *à Pierrot, en lui donnant un soufflet.*

Faquin !

PIERROT, *surpris.*

Est-ce pour plaisanter ?

COLOMBINE.

C'est pour t'apprendre à m'appeler coquine.

ISABELLE.

Vous êtes vive, Colombine.

COLOMBINE.

Non, mais il faut savoir se faire respecter.

PIERROT, *tenant sa joue.*

Je ne lui disais rien.

COLOMBINE.

Ah ! point de ton maussade ;
Mange, et tais-toi.

PIERROT.

Je n'ai plus d'appétit.

COLOMBINE.

Pardi, te voilà bien malade !
Embrasse-moi : tout sera dit.

LÉANDRE, *à Isabelle.*

Si nous faisions chorus ?

ISABELLE.

Avec plaisir.

CASSANDRE, *à part.*

J'enrage.

LÉANDRE.

En attendant le mariage.....

ISABELLE.

Mais Cassandre, à qui j'ai promis....

COLOMBINE.

Quand vous auriez juré vos grands dieux, c'est bien pis ;
Il n'en serait pas davantage.
Serment d'amour, serment d'usage,
Qui ne se font jamais que sous condition,
Et dont on se dédit suivant l'occasion,
Quand on trouve son avantage.

PIERROT.

Fort bien imaginé.

CASSANDRE, *à part.*

J'étais le pis aller.

COLOMBINE.

Oui, oui, madame, il faut parler.
Léandre est de retour, cela change la thèse.
N'allez pas faire ici la sotte et la niaise;
Je vous conseille, moi.....

ISABELLE

Mais mon destin dépend
De mon tuteur. Sans son consentement,
Que faire?

LÉANDRE.

Nous l'aurons.

ISABELLE.

Je crains.....

LÉANDRE.

Soyez-en sûre.
Il est bon homme au fond.... et.... voyez sa figure....
Elle n'annonce rien de dur ni de méchant.

ISABELLE.

Ce n'est que son portrait.... Mais s'il était présent....

LÉANDRE.

Pour vous encourager, essayez-vous d'avance :
Allez lui déclarer notre tendre penchant.

ISABELLE.

Parler à ce portrait! ah, quelle extravagance!
Il faudra donc que je lui dise ainsi.....

(*Elle se lève de table.*)

PIERROT

Donnez-vous pour l'instant certain air d'innocence.

ISABELLE.

Les yeux baissés?

LÉANDRE.

Fort bien.

ISABELLE.

Je ne saurais.

COLOMBINE et PIERROT.

Si, si.

ISABELLE, *s'adressant au tableau.*

Monsieur, voilà l'amant que mon cœur a choisi :
Je ne saurais aimer que lui.
Consentez-vous à me le donner?

CASSANDRE, *forçant sa voix.*
Oui.

ISABELLE.	LÉANDRE.	CASSANDRE.	COLOMBINE.	PIERROT.
O ciel! ô ciel!	O ciel! ô ciel!	Ah! j'ai tout vu,	O ciel! ô ciel!	O ciel! ô ciel!
Quel tour cruel!	Quel tour cruel!	Tout entendu,	Quel tour cruel!	Quel tour cruel!
Est-il croyable?	Est-il croyable?	Un tour sembla-ble	Est-il croyable?	Est-il croyable?
Mais c'est le dia-ble.	Mais c'est le dia-ble.	Est-il croyable?	Mais c'est le dia-ble.	Mais c'est le dia-ble.
Maudit vieillard, qu'on croit parti,	J'en suis, j'en suis tout interdit,	Qui l'aurait cru? (*Bis.*)	Maudit vieillard, qu'on croit parti,	J'en suis, j'en suis tout interdit.
Qui dans l'instant se trouve ici!	Tout stupéfa t.	J'en doute encor moi qui l'ai vu.	Qui dans l'instant se trouve ici!	Tout stupéfait,
Il a tout vu,	Tout déconfit.	Vous voilà pris au dépourvu.	Il a tout vu,	Tout déconfit.
Tout entendu.	Il a tout vu; etc.	Quoi! votre cœur est abattu.	Tout entendu.	Il a tout vu, etc.
Qui l'aurait cru?	*Comme Isabelle.*	Il ne faut pas dé-sespérer :	De son courroux	*Comme Colom-bine.*
Tout est perdu.		Vous saurez bien vous en tirer.	Je crains les coups	
Il va crier,		Vous ne cher-chiez qu'à me trahir.	Il va crier,	
Pester, jurer,		Et moi, j'ai su vous prevenir.	Pester, jurer,	
Il va vouloir nous séparer,		Ah, ah, ah, ah, ah!	Où me cacher?	
Nous séparer,		Ah! quel plaisir, etc.	Où me fourrer?	
Nous désunir.			A ses regards com-ment m'offrir?	
Ah! pourriez-vous y consentir?			Comment le fuir!	
Jamais, jamais,			Que devenir?	
Je ne pourrais.			Jamais, jamais,	
Plutôt mourir.			Je n'oserais,	
Plutôt mourir.			Je ne pourrais	
			Le démentir.	

CASSANDRE, *à Isabelle.*

Eh bien! vous ne dites plus mot ;
Quel est donc à présent le soin qui vous occupe?

LÉANDRE.

Monsieur.....

CASSANDRE.

Taisez-vous, maître sot.
(*à Isabelle.*)
Vous avez cru que j'étais votre dupe.

ISABELLE *d'un air soumis.*

Monsieur.... c'est malgré moi.... je ne prévoyais pas,
Et j'espérais si peu.... pour sortir d'embarras....
Ma résolution.... Parle, toi, Colombine.

CASSANDRE.

Et que dira cette coquine?....

COLOMBINE.

Puisque vous savez tout, il faut vous l'avouer:
Ce que l'on en faisait, c'était pour vous jouer.
On se moquait de vous, monsieur, je le confesse;
On ne le fera plus, vous avez trop d'adresse.

CASSANDRE.

La plus noire des trahisons !....

PIERROT.

Monsieur, un peu de patience.
Nous ne l'avons pas fait sans de grandes raisons.
L'amour... ce petit dieu... qui fait par sa puissance...
Extravaguer l'adolescence.....
Et..... conduit la vieillesse aux petites-maisons.....

CASSANDRE.

Eh bien !

PIERROT.

Eh bien ! monsieur... lorsque sa flamme brille...
Ça fait qu'on ne voit goutte.... et la chaleur du feu....
Enfin c'est pour votre neveu ;
Ça ne sort pas de la famille.

CASSANDRE.

C'est à merveille..... Mais de mon juste courroux
Vous devez éprouver les coups.
Je veux, quoi que vous puissiez dire,
Etre enfin le dernier à rire.....
Je vous unis tous deux pour me venger de vous.

COLOMBINE, *à Cassandre.*

Nous ne sommes pas moins coupables.
Nous avons machiné ces complots détestables.
(*Montrant Pierrot.*)
Voulez-vous nous punir aussi ?

CASSANDRE.

Mariez-vous. Allez au diable.

COLOMBINE, *faisant la révérence.*
Grand merci.

VAUDEVILLE.

TOUS, *hors Cassandre.*
Le dieu de la tendresse
Sourit à la jeunesse ;
Il fuit avec courroux
Les vieux et les jaloux.
De l'Amour,
En ce jour,
Goûtons la douce ivresse :
Ses ardeurs
Dans nos cœurs
Ne portent que des coups doux.

CASSANDRE.
Du dieu de la tendresse
Heureux qui peut sans cesse
Affronter le courroux,
Braver, braver les coups !
De l'Amour
En ce jour,
Je fuis la voix traîtresse.
Ses douceurs,
Ses ardeurs,
Bientôt nous rendent tous fous.

CASSANDRE.

L'Amour est un enfant
Fier et doux par caprice,
Ce qu'il donne, à l'instant,
Il le reprend.
Après quelque service,
Il vous met hors de lice.
Il ne fait nul état
D'un vieux soldat.

(*Tous reprennent le rondeau.*)

LÉANDRE et ISABELLE, *en duo.*

L'Amour de nos souhaits
A comblé la mesure:
Célébrons à jamais
Ses doux bienfaits.
Ce moment nous assure
Une volupté pure.
Pour qui sait en jouir,
Ah, quel plaisir!

(*On reprend le rondeau.*)

COLOMBINE.

Le bonheur de Pierrot.....

PIERROT.

Est dans sa Colombine.

COLOMBINE.

Colombine en Pierrot.....

PIERROT.

Trouve un bon lot.

COLOMBINE.

Cette œillade assassine......

PIERROT.

Cette peste de mine.....

COLOMBINE.

Promet, promet beaucoup.

PIERROT.

Et tiendra tout.

(*On reprend le rondeau en chœur.*)

FIN.